MOUNTAIN

登自己的山

All This Wild Hope

Komplett Kafka

完全卡夫卡

（奥）尼古拉斯·马勒 绘、著

徐庆 译

GUANGXI NORMALSUNIVERSITY PRES
广西师范大学出版社
·桂林·

图书在版编目(CIP)数据

完全卡夫卡 / (奥) 尼古拉斯·马勒绘、著；徐庆
译. -- 桂林：广西师范大学出版社, 2024. 11. -- ISBN
978-7-5598-7405-4

Ⅰ. K835.215.6

中国国家版本馆CIP数据核字第2024Z8517B号

Komplett Kafka

著作权合同登记号桂图登字：20-2024-077号

完全卡夫卡
WAN QUAN KAFUKA

作　　者：（奥）尼古拉斯·马勒
译　　者：徐　庆
责任编辑：谭宇墨凡
装帧设计：UNLOOK_广岛

广西师范大学出版社出版发行

广西桂林市五里店路9号　邮政编码：541004
网址：www.bbtpress.com

出 版 人：黄轩庄

全国新华书店经销

发行热线：010-64284815

北京启航东方印刷有限公司印刷

开本：889mm×1194mm　1/32

印张：4　　　字数：94千

2024年11月第1版　2024年11月第1次印刷

定价：68.00元

如发现印装质量问题，影响阅读，请与出版社发行部门联系调换。

Komplett Kafka

请您把我当作一个梦吧。

布拉格。勒夫拉比的家里还亮着灯。

但那不是电灯。

咱们说的是 1852 年的事儿。

勒夫拉比是个心灵手巧的人，那天他在用黏土做东西。

他捏出了一个生灵，它很快就会咒骂、喊叫、发火。

一言以蔽之：活了。

这个生灵也有名字：

赫尔曼·卡夫卡。

赫尔曼总是不高兴，说话也很粗鲁。

他爱说不得体的话，尽可能扯着嗓门，

拉比家好端端的食物被他叫作饲料，他用牙签掏耳朵。

对他来说，重要的只有把面包切整齐。

他不好相处。

拉比很快忍无可忍，把自己的造物赶出了家门。

但是赫尔曼有出息。他坚韧不拔，有了不起的经商天赋，还找了个对自己死心塌地、辛苦操持生意和家务的妻子：

尤丽叶·卡夫卡，娘家姓勒维。

31 年后。

勒夫拉比一个人住，家务也是自己干。此时他在床底下找到了一坨干巴巴的、悲伤的黏土。

拉比很可怜这坨黏土，再说他也舍不得扔东西。

于是他停止打扫，重新开始捣鼓他那套法术。

材料不多，不过要是拉得够长，还是能做出个有意思的小人儿。

唉，拉比，要是你没有赋予这坨悲伤的黏土生命就好了。
这个小家伙能免受多少恐惧、痛苦和优柔寡断的折磨啊。

这段起源故事是不是真的?

也许不是,因为勒夫拉比 1609 年就在布拉格去世了。

再说弗朗茨·卡夫卡跟犹太文化反正也没什么关系。

就连赫尔曼·卡夫卡每年也只去犹太会堂四天,

弗朗茨后来写道:

在那儿度过的许多小时里,我哈欠连天、瞌睡不断(我相信自己后来只在舞蹈课上感觉这么无聊过)。

弗朗茨从小就备受各类恐惧的折磨，比如他很怕站到镜子前面。因为镜子里的自己在我看来奇丑无比，而且这不可能是我的真实相貌，因为假如我真的长这样，别人肯定会更关注我。

粗笨的父亲和敏感的儿子——瘦小的、怯生生的骨头架子——是一对奇特的组合。当年仅仅是你的体魄就足以让我沮丧，他多年后在《致父亲的信》中写道。

比如我想起我们经常在更衣室里一块儿脱衣服。我瘦削、羸弱、单薄，你强壮、高大、魁梧。我在更衣室里已经自惭形秽，不仅无颜面对你，而且无颜面对整个世界，因为对当时的我而言，你就是万物的标准。

父亲不但身材魁梧，还非常固执。

对赫尔曼而言，只有一种见解是对的——他自己的。
他掌握真理，别人都

比如你会咒骂捷克人，然后骂德国人，再骂犹太人，还不是咒骂某些方面，而是什么都骂，最后，你以外的所有人都被骂了个遍。

《致父亲的信》成了世界名著，收信人却偏偏从没读过它。

也许是因为这封长信实在太长，毕竟手稿有一百多页。

赫尔曼·卡夫卡不爱阅读。

父亲令人畏惧，而母亲在童年的混乱中**就像**理性的化身。

尤丽叶·卡夫卡善解人意、关心别人，但她的儿子很快意识到她对他的看法不准确。

还有一个大麻烦：着装问题。

我自然注意到了自己很容易穿得很差，假如别人穿得很好，我也能注意到。但是我花了好多年都没想明白自己外表寒碜的原因在于衣着。

他还有三个妹妹。

大妹埃莉被卡夫卡描述成迟钝、疲劳、胆怯、阴沉、自觉有罪、低声下气、尖刻、懒惰、贪吃、小气的孩子，我几乎没法看着她，更别提同她说话，她太容易让我想到自己了。她的小气尤其让我讨厌，因为我或许比她更小气。

弗朗茨觉得二妹瓦莉不像卡夫卡家的人。
小妹奥特拉得到的评价最高。她是卡夫卡最爱的妹妹。
相反，她在父亲眼里就像魔鬼。

你亲口对我承认，你觉得她故意一直让你痛苦和生气，当你因为她而痛苦，她就感到满足且高兴。

青春无意义。害怕青春，害怕无意义，害怕不是人过的生活无意义地出现，卡夫卡就这样逐渐长大了。

再加上害怕上学，不过他还是从严格的德式高级文理中学毕业了。

他干成了这桩难事——数学尤其难学——但只是靠在考试的时候哭鼻子。

可怕的求学阶段结束了，随之而来的经历却几乎同样令人不快。

但我总是只能将自己的无能视作预示未来的路标，所以再三考虑未来对我来说一向没用；这只是在推演当下的悲剧以后会如何发展。

现世生活之重折磨着卡夫卡。
然而希望时不时地冒出来。

卡夫卡从来没有无忧无虑的时候。不论他身在何处，他总有理由沉思。

一切都立刻让我思考。滑稽小报上的每个笑话，对福楼拜和格里尔帕策的回忆，睡衣摆在我父母晚上铺好的床上的样子……

我立在电车站台上，想到自己在这个世界上、在这座城市里、在自己家庭里的位置就极度不安。

卡夫卡从二十四五岁开始——此时他获得了法学博士学位——为保险公司工作。

他在公司里主要研究木工刨床事故预防条例。

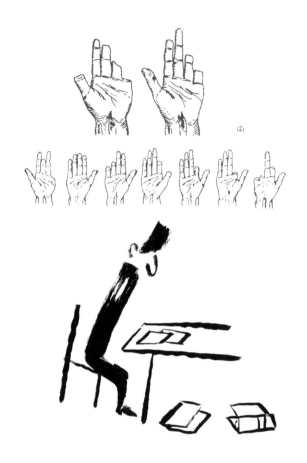

这会儿在办公室。我在忠利保险公司工作，而我一直希望自己有朝一日能在遥远的国度里坐着扶手椅欣赏办公室窗外的甘蔗田或者穆斯林墓地，保险业务本身让我很感兴趣，但是手头的工作让我难过。再见下班后，他更换写字台，在家中自己的房间里沉迷于写自己的文章。

我将跳进自己的小说，哪怕这会划伤我的脸。

但是，夹在父母的卧室和客厅之间，他不得安宁。

我想写作，额头总在突突地跳。我坐在自己的房间里，那儿是整套住宅的噪声中心。我能听见所有开门关门的声音，这些噪声倒是盖住了进出者的脚步声。我还能听见厨房里炉灶关门的声音。父亲用力推开我的房门，裹着拖地的睡袍穿过我的房间，有人从隔壁房间的炉子里清灰。

在痛苦沉积处，他过得也不比在家里好。

这是他对自己后来在波希米亚王国工伤事故保险局里的办公室的
描述。

文书堆的上层是什么我大概知道，我担心下层只有可怕的东西。

卡夫卡觉得自己的此在是可怕的双重生活，唯一的出路也许只有发疯。

他在一封信里总结道：时间很短，力量很小，办公室可怕，住宅吵闹。

但是卡夫卡在外人看来挺正常。

作家、批评家马克斯·勃罗德写道：
"卡夫卡给人的第一印象是个健康的年轻人，但是特别安静、善于观察、
内向。"

卡夫卡确实身材高大，个头超过一米八，比当时捷克男子的平均身高高
十厘米。

勃罗德本人的相貌跟他截然相反。

他矮小，有点佝偻，因为脊柱弯曲只能戴着矫正器——一副金属条做的支架。

尽管如此（或者正因为如此？），勃罗德远比卡夫卡受女士欢迎。

戴矫正器的勃罗德把卡夫卡描述成健康的、信奉自然疗法的小伙儿，这跟常见的固有印象相反。

"他在精神上完全不追求有趣 – 病态、奇特、怪诞的东西，而是追求自然之伟大，追求能使人康复、有治愈力、健康、稳定、简单的东西……所以将卡夫卡视为沙漠苦行僧或者隐士一类人的看法是完全错误的。"

实情是，卡夫卡每天都会花十分钟开着窗赤身裸体地做体操。

"我佩服弗朗茨的游泳和划船本领，他驾驭那艘名为'饮灵'的划艇尤为娴熟。"

卡夫卡本人的日记给人留下的印象却与此不同：

我工作时承受着无法摆脱的重负。

彻底的停滞。无尽的痛苦。

我触碰什么，什么就毁灭。

我躲着人不是因为我想安静地活着，而是因为我想安静地死去。

前天因为工厂的事儿挨了骂。接着在沙发上躺了一小时考虑从窗口跳下去。

不过卡夫卡的娱乐需求也挺大。

他喜欢跟朋友马克斯·勃罗德去看电影。

卡夫卡在日记里详细记录了自己的观影经历：

去看电影。哭了。《洛洛特》。善良的神父。

小自行车。父母和解。

太有意思了。先看悲剧片《船坞里的不幸》，

再看喜剧片《最终孤独》。

他的总结：

我天生能享受人际关系，却无法体验。

卡夫卡还跟勃罗德一起制定商业计划，他的梦想：搞出一套畅销书。勃罗德的记录：

"我们灵机一动，要搞一类新的旅行指南。就叫'穷游'。比如《穷游瑞士》《穷游巴黎》等。"

"弗朗茨不厌其烦地、像孩子一样快活地精心琢磨这类书的种种原则，希望我们能借此变成百万富翁，最主要的是摆脱可恶的事务性工作。我们构思的外语学习指南《穷学》特别荒唐，它的原则是：完全学会一门外语是不可能的。所以我们还不如马上传授错误知识。"

这些想法必定让朋友们捧腹大笑。

然而《穷游》系列从未出版，他们期待的盈利百万的公司未能成真。他们想得太美。

勃罗德："我一本正经地同出版商通信，讨论我们的'旅行指南改革'。谈判失败了，因为我们不愿意在拿到巨额预付款之前就把宝贵的机密和盘托出。"

现在，一百多年过去了，机密可以揭晓了：

《穷游》的夭折让卡夫卡非常失望，尽管勃罗德后来承认："别人经常弄不清他是在说正经的还是在开玩笑。弗朗茨特别爱在严肃和戏谑的交界线上玩平衡术，而且技艺高超。"

《穷游》系列没有出版，作为补偿，一本名为《观察》的册子问世了。此书篇幅极小，因为卡夫卡在整理作品的时候大删特删。他觉得自己的早期作品只有寥寥几篇可以出版。

因为他选出的篇目极少，卡夫卡请求出版社使用不破坏贵社对该书设计的最大字号。

出版社满足了他的愿望。

"第一版有 99 页，文字巨大，就像古代的祷祝牌"，勃罗德实事求是地指出。

卡夫卡审视女士的眼光也很严苛。

阿加特很丑，黑德维希也丑。H.又矮又胖，脸颊永远红彤彤的，上排门牙很大，让她合不拢嘴，还造成下颌宽大；她严重近视，戴眼镜不仅是因为她安上夹鼻眼镜的时候姿态优雅，她漂亮的鼻尖由许多小块面组成。我昨晚梦见了她又短又粗的腿，我就是这样曲折地理解了一个姑娘的美并坠入爱河。

但是卡夫卡后来认识了菲莉斯·鲍尔——一切都变了。

或许也没变。

他在日记里记下了两人的初遇：

菲莉斯·鲍尔小姐。8月13日我去勃罗德那儿的时候，她坐在桌边，我还以为她是女仆。我对她是什么人一点儿也不好奇，而是马上对她感到满意。

有棱有角的空洞的脸，毫不掩饰自己的空洞。袒露着脖子。披着衬衣。鼻子几乎断了。金色的头发有些呆板无趣，下巴强壮有力。我落座的时候第一次更仔细地打量了她；等我坐好，我已经形成了明确的判断。

两年后他这样表示：

一言以蔽之：我在 F. 身上白费功夫。

他们初次见面的一个月之后，他如痴如狂地在一夜之间写出了短篇小说《判决》。

值得被人严肃对待的作家卡夫卡诞生了。

连他本人也对这个故事感到满意。

在写给出版商库尔特·沃尔夫的信里，卡夫卡把这个父子之间的故事描述成我最心爱的作品。

"丢勒联盟"的书评家不这样认为。他觉得《判决》是一份"大肆夸张的精神病研究报告"。

卡夫卡非常关注别人对他作品的评论。批评家最爱用的词很快出现了：奇怪。他觉得友善的评论是过度吹捧，是误解，假如好评是熟人写的（比如他的朋友勃罗德），他就觉得它们特别没用。

而负面评论在他看来

反正他宁愿看到自己的大部分作品被销毁。

我写的所有东西里有价值的只有那几本书：《判决》《司炉》《变形记》《流放地》《乡村医生》，还有短篇小说《饥饿艺术家》。

其他所有作品都是在他去世后由马克斯·勃罗德违背他的意愿张罗着出版的。

卡夫卡的作品属于文学史上解读最丰富的作品。

但它们究竟是什么意思？

有时候卡夫卡本人也吃不准。

你能在《判决》里找到什么意义吗？我找不到，也不能解释其中的任何东西！

在写给菲莉斯的许多信之一里，他继续探问：

《判决》是解释不了的。也许我能给你看看一些相关的日记片段。这个故事表达了大量抽象内容，却没有承认。这个故事也许是关于父亲和儿子的，而不断变化的朋友形象也许是不断变化的视角下的父子关系。不过我对这些也吃不准。

卡夫卡或许只是在卖弄。

在朋友勃罗德面前，他说得更清楚：

《判决》问世一年后，卡夫卡又写了一篇短篇小说，它会让后世的学生脊背发凉：《变形记》。

一天早晨，当格里高尔·萨姆沙从不安的梦中醒来，他发现自己在床上变成了一只巨大的甲虫。

自己就爱画画的卡夫卡非常担心《变形记》的封面设计。他不无道理地担心请来的画师可能想画一只虫子。

虫子本身不能画出来。
它甚至不能在远景里出现，
卡夫卡在信里对出版商库尔特·沃尔夫表示。

假如卡夫卡还在世，他会赞同把变成虫子的格里高尔画成这样吗？

格里高尔正在抱怨早起和自己的新形象，房门外的家人却紧张起来。

刚变成甲虫的他想让讨厌的家人再等会儿。

要起来，他原本需要胳膊和手——但他现在只有许多小短腿儿，它们不停地乱动，还不听他指挥。

确实是完美的教材。

上学的时候，谁没遇到过这样的早起难题呢？

到头来，这种可怕的变形再也瞒不住家人了。

只有女仆，一个凭借身强力壮在漫长的人生中挺过了巨大灾祸的老寡妇，颇为镇定地接受了格里高尔的新形象。

格里高尔终于能指挥自己新的小细腿儿了，他能在墙壁和天花板上四处爬，后来还能倒挂在天花板上，不过他有时又会啪嗒一声掉在地板上。

他的父母此时出于经济原因把住宅里的一间房租给了三名房客。他们都是大胡子，非常讲究整洁。

已然爬行自如的甲虫格里高尔让三名房客觉得很不卫生。

你们瞧运老屎壳郎!

他们立刻退房跑路。

房客走了，格里高尔也活不长了。

此时有人扔过来一个苹果！

受到父亲的苹果攻击之后，格里高尔再也没能恢复健康。苹果一直嵌在肉里，开始腐烂，甲虫死了。

尽管《变形记》很滑稽，故事却以悲剧收场。

硬心肠的女仆没怎么表示同情，格里高尔的家人也如释重负。

最后，全家人乘坐电车去郊游。

女儿出落得娇艳动人，儿子死了。

插曲

卡夫卡作品评论汇总

"弗朗茨·卡夫卡以相当平淡的方式叙述了一个商人的怪诞故事，此人早上醒来变成了甲虫，令家人震惊。他们喂养了他一阵子，但他最终死了。《变形记》的笔触冷静而娴熟，但是缺乏想象力，还很无聊。"
《丢勒联盟文学年刊》

"这本书讲的就是父亲问题。它是一个处理不好自己同父母关系的儿子在老生常谈式地诉苦。儿子深受自己和父母的折磨，这些痛苦在他身上浓缩成了关于臭虫的想象。"
《布拉格日报》

对这本书感到迷惑的不仅是评论界。

《变形记》出版数月之后，卡夫卡收到了一封读者来信。

非常尊敬的先生，

您使我变得不幸。我买了您的《变形记》送给表妹。但她看不懂这个故事。表妹把书给了她母亲，她也看不懂。

她母亲把书给了我的另一个表妹，她仍旧看不懂。现在她们给我写信，让我给她们解释这个故事。因为我是家里的博士。但我满头雾水！先生！我能连续几个月在战壕里跟俄国人战斗而面不改色。

但我受不了在表妹面前丢面子。只有您能帮我。

您必须帮我；因为是您害了我。

请您告诉我，我的表妹该怎么理解《变形记》吧。

致以崇高的敬意

最忠实的

西格弗里德·沃尔夫博士

卡夫卡的回信并未留存下来。

尽管收到许多恶评，《变形记》还是引起了足够的关注，催生出了一篇
未经原作者授权的续文。

它的作者是卡夫卡的崇拜者、20 岁的卡尔·布兰德。

卡夫卡的原作问世半年后，《格里高尔·萨姆沙复原记》在《布拉格日
报》上发表。

在布兰德的短篇小说里，看似死亡的甲虫在一个粪堆上复活了，并且开始变回格里高尔·萨姆沙。

他惊骇地感觉到自己有了手指，
有了人类的双手。

在艰难的变形之后,萨姆沙重新学会了走路,他爬下粪堆,走向光明的未来。
短篇小说的最后一句话是:
新生活开始了!

作者本人却不可能奇迹般地康复。

创作《复原记》的时候，卡尔·布兰德已经身患肺结核数年，无法工作。
他在另一篇一直不出名的文章里写道：
我躺在那儿或者爬来爬去，就像臭虫或者屎壳郎，百无一用。

续作发表九个月之后，布兰德非常凄惨地在布拉格的父母家中去世。

在不相识的同命人布兰德奄奄一息之时，卡夫卡继续给日后与他订婚颇久的菲莉斯写信。

哪位女士能不为这些消息着迷呢？

我不舒服，我为了维持生活和思考所需要的力量都够我建造金字塔了。

弗朗茨

他寄出了几百封信，却很少同她见面。卡夫卡后来认为：

我人生中的一切不幸都来自书信或者有机会写信。您知道我有多恨书信。写下来的吻到不了目的地，而是会在半路上被鬼怪吸走。

要是菲莉斯没有马上回信，卡夫卡就濒临崩溃。

1912 年 11 月 20 日：最亲爱的，我到底干了什么让你这样折磨我？今天还是没收到信，第一班邮车没送来，第二班还是没有。

1912 年 11 月 21 日：最亲爱的！可怜的孩子！你有一个可悲的、非常讨厌的恋人。要是他两天收不到你的信，他就会没理智地四处攻击别人，哪怕只是用言辞。

1913 年 4 月 14 日：电报
仍无消息，拜托拜托有话直说

1913 年 5 月 25 日：上帝啊，你到底为什么不给我写信？一周都不联系。太可怕了。

写信强迫症也越来越深地折磨卡夫卡本人。

我满心厌恶，菲莉斯，当我不由自主地想到这些：在一个美好的早晨，你刚睡醒，吃着早餐期待惬意的一天，而我该死的信却像地府消息一样日复一日地寄到你那里。

但是我该怎么办呢，菲莉斯？

或者这类书信可能会让他更好受？

菲莉斯怎么受得了这些?

卡夫卡有别样的、开朗的侧面。

马克斯·勃罗德证实了这点,但他解释道:

"当然,这不是非常欢快舒心的笑。但是其中确有欢笑的成分。"

卡夫卡不仅和菲莉斯通信，也跟他们共同的女性朋友格蕾特·布洛赫保持书信往来。

在这些信里，卡夫卡显得不那么彬彬有礼，还在菲莉斯背后抱怨她的假牙。

说实话，起初我不敢看 F. 的牙齿。这些亮闪闪的金牙（在不恰当的地方闪着非常可怕的光）和灰黄色的烤瓷牙让我很害怕。后来，我只要一有机会就会刻意地看她的牙齿，目的是提醒自己，折磨自己，让自己最终相信这一切都是真的。

尽管菲莉斯装着可怕的假牙，卡夫卡还是为她的照片着迷。他一本正经地求她给自己照片。

现在当然不是请你送我或者借我一张照片的最好时机。我只是说说而已。

等她真给他寄来了一张照片，他又不满意。

照片很漂亮，但是你在其他照片上表情更欢快。领子也使这张照片减色。假如我没有记错，梅菲斯托的衣服就有这种领子，我也见过斯特林堡穿有这种领子的衣服。可是你，菲莉斯？

反正卡夫卡对订婚没什么信心，结婚的可能让他恐惧。

我渴望独处，想象蜜月旅行让我心惊肉跳，只要看到度蜜月的新婚夫妇——不论我是否联想到自己——我都觉得反感；假如我想产生恶心的感觉，我只需要想象自己搂着一位女士的腰。

他一再尝试终止他们的关系。

您快点忘了我这个幽灵，像过去那样快乐而安宁地生活吧。

反正卡夫卡的主要兴趣仍是写作。

我讨厌一切与文学无关的东西。谈话（哪怕跟文学有关）让我觉得无聊，拜访让我觉得无聊，亲戚的悲喜让我觉得无聊得要命。

他躲进了黄金巷。他的妹妹奥特拉在那儿有一幢小房子，他在里面安静地写作。

然而他对自己的作品也不满意。他在信里告诉菲莉斯（又来了）：

可怜的，可怜的最亲爱的，你可千万别勉强自己读这部糟糕的小说，它
是我瞎编的。

这部糟糕的小说《失踪者》仍旧没完成。卡夫卡生前只发表了它的第一
章，标题是《司炉》。

马克斯·勃罗德解释说："在他创作以美国为背景的新小说《司炉》的
时候，他不想听任何涉及美国的消息，尽管他从没到过美国。他写的是
自己心目中的美国，那儿的自由女神像不是手持火炬，而是手持宝剑，
因为这样写跟句子更搭配。"

小说究竟为什么要以美国为背景？原因：16 岁的卡尔·罗斯曼跟年长许多的女仆布鲁默小姐在让他觉得别扭的情形下生了一个孩子，后来他逃往美国。

布鲁默小姐别的时候又在干什么呢？

有时候她在自己紧挨着厨房的狭小房间里下跪，向木制十字架祈祷。有时候她在厨房里乱转，要是卡尔挡了她的路，她就像女巫一样大笑着退开。

并不出人意料的是，卡尔登上一艘从汉堡开往美国的船躲避布鲁默小姐和他们的孩子。

但是卡尔一到美国就诸事不顺，他先把伞遗落在船上，又弄丢了箱子。

后来他认识了两个名字很好听的男人——舒巴尔先生和波伦德尔先生，却依然很难跟女人相处。他在美国认识的第一个女人克拉拉小姐想立刻把他从窗口扔出去。

他没被扔下去，但是克拉拉想至少赏给卡尔几个耳光，打得他面颊肿胀。

卡尔不以为意，他渴望的是其他东西：

他需要伸懒腰、打哈欠。

瞎晃悠肯定是不行的。卡尔也得找点活儿干。

在西方宾馆，他得到了来自维也纳的女主厨格蕾特·米策尔巴赫的照应。

比方说，您愿不愿意当开电梯工？只要您答应，就能上工了。

卡尔得到了一件漂亮的开电梯工制服，有金纽扣和金绦带。

但是：

上衣的腋下部位尤其冷冰冰、硬邦邦，还被之前穿它的开电梯工留下的汗水弄得干不了。

反正卡尔并未长时间穿着冷冰冰的上衣，我们很快发现他光着身子躺在床上，这次缠上他的是来自波美拉尼亚的孤独的打字员特蕾泽。

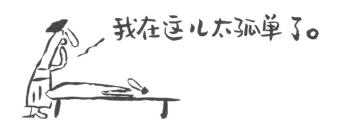

经过这场惊吓，卡尔搬进了一间人满为患的开电梯工寝室，大家热衷于互殴。

但是卡尔没能当多久开电梯工。

他可疑的熟人罗宾逊在宾馆走廊里呕吐，害他丢了工作。

就连女主厨格蕾特·米策尔巴赫也帮不了他，卡尔被扫地出门。

后来卡尔被门房班长费奥多尔揍得鼻青脸肿，

歌剧演员布鲁娜妲用她的小胖手爱抚他……

布鲁娜妲的法国情人在乱七八糟的家具堆里把他扔向一口柜子。

事事不顺的卡尔去剧场谋生。

俄克拉荷马露天剧场的招工门槛很低，什么人都要。

迎宾团却很奇怪。

乱糟糟的噪声，喇叭各吹各的，胡吹一通。

虽然露天剧场是全世界最大的剧场，但是好像几乎没人见过它。没人知道露天剧场什么样。

再说喇叭的噪声吵得人听不清。

此外，它在很远的地方，正是在俄克拉荷马。

卡尔必须先去那儿。

《失踪者》一直是片段，和菲莉斯的关系也没进展。优柔寡断的卡夫卡做不了决断，最终求助于菲莉斯的父亲卡尔·鲍尔先生。

非常尊敬的鲍尔先生！

您了解自己的女儿，她是一个快活、健康、自信的姑娘，为了活下去，她身边得有快活、健康、有活力的人。你对我的了解仅仅来自我的拜访（我几乎想说，这就够了）。我沉默寡言、不合群、闷闷不乐、自私、总怀疑自己生病，也确实病恹恹的。过去几年里，我和母亲平均每天说不了二十句话。我和父亲有时候几乎只打招呼。我和出嫁的妹妹和她们的丈夫虽然没有矛盾却根本不说话。跟我一起生活对家庭无益。您的女儿具有健康姑娘的天性，理应获得真正的婚姻幸福，她将来应该跟我这样的人一起生活吗？现在我们三方都参与进来了，您来决断吧！

您诚挚的 F. 卡夫卡博士

卡夫卡让他很难决断。

同年，准女婿创作了他最残忍的故事之一：《在流放地》。它几年后才出版，奠定了卡夫卡作为恐怖小说家的声誉。

库尔特·图霍尔斯基（以笔名彼得·潘特）在《世界舞台》上写了一篇扼要的梗概：

"故事如下：在流放地，一个不听话的士兵被绑上了一台疯狂的机器，然后在那儿受刑。他的处罚被写在他光裸的后背上，内容是'尊敬你的上级'。是用钉子写的。"

评论界完全不待见《在流放地》。

插曲

卡夫卡作品评论汇总

"F.卡夫卡描写了一台刑具及其发明者对它病态的爱，也许这应该是一篇心理研究论文，我们不确定，因为这本书太无聊了，无法引发思考和共情。"

《丢勒联盟文学年刊》

"因为这样的痛苦感到快乐并被激起性欲，描述的时候还觉得理所应当——此等人类之丑恶只能叫人恶心。"

《爱书人杂志》

卡夫卡很少公开朗读自己的作品片段，但是他似乎能从朗读中获得享受，正如他在信里告诉菲莉斯的：

最亲爱的，我对朗读爱得要命，冲着有准备且专注的读者的耳朵大喊大叫让我可怜的心非常舒服。

《慕尼黑报》的书评家也觉得他朗读的《流放地》片段简直要命：
"卡夫卡喜欢吓唬人。他甚至不避讳令人反感和恶心的东西——这次他肯定达到了极限，以我的口味和神经而言，有时候他甚至越过了极限。"

目击者马克斯·普尔弗回忆道："低沉的倒地声，房间里乱作一团，一位昏迷的女士被抬了出去。
他的话后来又吓晕了两个人。
听众的行列开始变得稀稀拉拉。一些人赶在被作家的幻想吓晕之前逃走了。"

马克斯·勃罗德事后说："一派胡言。"

在这个时期，又有一部长篇小说没完成：《审判》。

肯定有人诬告了约瑟夫·K.，因为他什么坏事都没干却在一天早晨被捕了。

K. 也永远不会知道自己因为什么而被指控。

后来 K. 又见到了这两个男的，但是这次他们没穿裤子。

在杂物间里，K. 见证了一个奇怪的场面。

《审判》被视为阴郁的小说，卡夫卡本人却觉得它非常幽默，当他想给马克斯·勃罗德朗读第一章的时候，他笑得太厉害，"以致有一会儿念不下去"，马克斯·勃罗德如此描述。

《审判》的结尾出现了另外两名男子，他们苍白而肥胖，用屠刀捅穿了 K.。

也许这不是最有意思的笑点，可好歹算是一个欢快的结尾，卡夫卡曾在日记里写道：

今天早晨，很久以来第一次再度享受想象刀子捅进我心脏的快乐。

据他自述，1914 年 7 月 12 日在阿斯肯纳夏霍夫宾馆里接受的另一场审判却让他觉得不那么有趣。数百封卡夫卡式的信和优柔寡断彻底惹恼了菲莉斯。对于此事的具体细节，我们只能猜测。

也许格蕾特·布洛赫透露了她跟卡夫卡的通信内容？

订婚取消了。然而生活在继续。

三周之后，卡夫卡在日记里写道：

德国对俄国宣战。

——下午去游泳学校。

订婚被断然取消之后，他和菲莉斯继续见面，然而两人依旧固执。

我决不让步：我想要一种幻想式的、只顾自己写作的生活。她呢，漠视所有无声的请求，想要随大流、舒适的公寓、对工厂有兴趣、丰盛的食物、晚上 11 点就睡觉、有供暖的房间。

……那就不见面了。

同菲莉斯的较劲持续了五年。当两人在长期拉锯之后再度考虑订婚，连马克斯·勃罗德都看不下去了。

"奇怪的是，他俩也来我家正式拜访了一回。这两个很尴尬的人——尤其是被特别高的立领卡着的弗朗茨——看起来有点感人又有点吓人。"

一次严重的咯血意味着结婚计划全部告吹。

连着咯血十分钟或者更久，我当时以为再也停不下来了。

卡夫卡此时有了一位新伴侣：他的病。

勃罗德在日记里写道：

"对卡夫卡的病采取措施。他说它是心因性的，就像摆脱婚姻的出路。
他将它称为他的彻底失败！但他自此之后睡得很好。得到自由了？——
受折磨的人！"

卡夫卡确实显得比前几个月心情更好。

亲爱的马克斯，我的病？告诉你个秘密，我几乎感觉不到自己生病。我
觉得自己的结核病不是什么大病，没什么大不了的，而只是普遍存在的
死亡萌芽之滋长。三周过去，我的体重增加了 2.5 公斤，把我运走变得
费劲多了。

因为他更害怕蜜月旅行。

卡夫卡试图在波希米亚的一个村子里恢复健康。

他在这儿邂逅了一位年轻女士，她日后也同他订了婚：尤丽叶·沃里切克。在写给勃罗德的信里，他将她描述成一个年轻姑娘，但愿她只有小毛病，她喜欢电影、轻歌剧和喜剧，喜欢香粉和面纱，会说无穷无尽的最放肆的粗话，总的来说挺无知，与其说悲伤不如说欢乐——她大概就是这样。而且她的内心勇敢、诚实、无私——集这些了不起的特点于一身，外表也颇为美丽，却如此卑微，像蚊子一样扑向我的灯火。

他依然没有同尤丽叶结婚，而是让她干等着。
他当然良心不安。

卡夫卡的吸血鬼小说《城堡》的故事也发生在捷克的一座村子里。但是注意！典型的卡夫卡作品：故事里压根没出现吸血鬼。卡夫卡笔下的恐怖之物是城堡本身。卡夫卡的主角，所谓的土地测量员 K. 从未踏入威斯特威斯特伯爵的城堡。

对 K. 来说，这座村子，连同村里疑神疑鬼的居民、稀奇古怪的公务员和神经兮兮的教师已经够可怕了。

土地测量员先生，您的职责是每天打扫两间教室，在里面生火，在楼里干点小修小补的活儿，还得维修教具和体锻器材，清扫花园道路上的积雪，帮我和教师小姐跑腿传信，等天气转暖就承包花园里的全部工作。

总而言之，如前所述，这是一部恐怖小说。

F. W. 茂瑙的经典吸血鬼电影《诺斯费拉图——恐怖交响曲》几乎和卡夫卡的这部小说同时问世。两者相似度惊人。

吸血鬼奥罗克伯爵住在和卡夫卡的威斯特威斯特伯爵家相似的城堡里。但是奥罗克住不下去了，宁愿搬去城里，住进一栋漂亮的、荒废的房子。

卡夫卡对《城堡》也不满意，它一直是片段。

没有记录说明爱看电影的卡夫卡是否看过《诺斯费拉图》。

此时卡夫卡开始和译者密伦娜·耶申斯卡通信。对他而言，密伦娜不是尤丽叶·沃里切克那样的蚊子，而是一团我从未见过的生机勃勃的火焰，这是卡夫卡在信里告诉勃罗德的。

遗憾的是，密伦娜的火焰并不为卡夫卡而燃烧，而是为她的丈夫恩斯特·波拉克，此人是一位瘦削的、没有作品的文人。

这回卡夫卡自己成了蚊子。密伦娜不愿意离开丈夫。

卡夫卡给密伦娜写了很多信，他在其中一封信里抱怨：现在我俩都结婚了，你在维也纳，我在布拉格同恐惧结了婚，不仅是你，连我也在徒劳地同婚姻拉扯。

密伦娜将卡夫卡的几篇短篇小说翻译成了捷克语,还在布拉格的报纸《论坛报》上写小品文。

"我依然记得卡夫卡急不可耐地冲向一个报摊,想看看新一期的报纸上有没有密伦娜的作品。"勃罗德说。

卡夫卡迷上了密伦娜,然而两人之间颇有些障碍,不仅是她已婚:卡夫卡讨厌维也纳,而密伦娜住在那儿。

我不愿意(密伦娜,您得帮帮我!您得明白我没说出口的话!),我不愿意(这不是口吃)去维也纳,因为我的精神受不住这样的劳顿。我精神上有病,肺结核只是精神疾病的外溢。

尽管如此，卡夫卡还是在信里使出了浑身解数。

以他的情况而言，他相当老练地追求着爱慕对象。

我很脏，密伦娜，脏得要命，所以我用纯洁来呼喊。没人能像身处地狱最深处者那样纯洁地歌唱；他们的歌被我们当作天使之歌。

他也试图通过描述自己有意思的日常生活博得好感。

也许我再来讲讲晚上的事儿，我疲劳、空虚、无聊、欠揍、漠然，一开始就只想上床睡觉。

密伦娜和卡夫卡之间的书信已经世界闻名。可它们的主题究竟是什么？密伦娜的信没有流传下来，留下的只有卡夫卡的信。卡夫卡在这许多信中的一封里面亲自做了简要总结：

我们其实不断地老调重弹。我有一次问你是不是病了，然后你写写这事，我有一次想死，然后你也是，我有一次想要邮票，然后你也是，我有一次想在你面前像小男孩一样哭泣，然后你想在我面前像小女孩一样哭泣。我有一次、十次、一千次、不断地想在你身边，然后你也这样说。够了，够了。

反正没希望。

这些信只是痛苦，源自痛苦，无可救药的痛苦，也只制造痛苦，无可救药的痛苦，这样做意义何在——

卡夫卡依然没有进入他非常恐惧的婚姻港湾，倒是在 1920 年跻身《当代文学动物寓言大观》。

弗朗茨·布莱在这本书里以动物学论文的形式分析了同时代作家的作品。

关于卡夫卡的词条如下：

卡夫卡（阴性词）。卡夫卡是一只人们很难见到的美丽深蓝色老鼠，它不吃肉，而是以苦涩的草药为食。它的眼神很迷人，因为它长着人类的眼睛。

卡夫卡的下一位主人公甚至不再以苦涩的草药为食,而是什么也不吃。

这叫《饥饿艺术家》。

故事是关于一个卖艺人的,他在全天有人值守的笼子里表演绝食。

负责不让他进食的看守纯属摆设。反正饥饿艺术家决不会吃东西。
他的艺术荣誉感不允许他弄虚作假。

因为除了他,就连懂行的人也不明白表演绝食有多容易。这是全世界最
容易的事。

不论如何，表演成功，一时间数千名爱找乐子的人涌向了饥饿艺术家的笼子。

试试给人解释饥饿艺术吧！

你无法让没有亲身体验的人理解它。

然而他的饥饿表演后来不再流行。

饥饿艺术家过气了。

但是：

饥饿艺术家现在该怎么办呢？要转行干其他工作，他年纪太大了，而且
最主要的是，他过于迷恋饥饿表演。

于是饥饿艺术家继续干自己的工作，哪怕不被观众和看守关注。

在他死前不久，人们知晓了他表演绝食的原因——对卡夫卡的作品而言，这很不典型（小心剧透）。

因为我找不到
爱吃的食物。

卡夫卡此时已经不能继续干他在工伤事故保险局的工作。

他晋升为高级秘书了。

现在呢？

散步、晚上、白天，干不了任何事，除了痛苦。

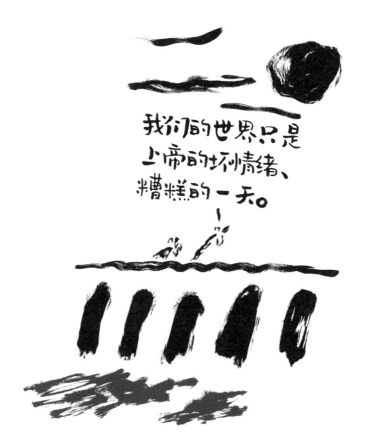

我们的世界只是上帝的坏情绪、糟糕的一天。

疾病在卡夫卡身上留下了痕迹，但他还有精力创作最后一个故事。它的主角是一只啮齿动物。

约瑟芬是一位受鼠族欢迎的歌手。

尽管这不太对劲。

这究竟是不是歌唱？会不会只是在吱吱叫？可我们大家都熟悉吱吱叫，这是我们族群真正的艺术才能，或者更确切地说，根本不是艺术才能，而是一种独特的生活表达。我们都吱吱叫，但是谁也没想过用吱吱叫冒充艺术。

尽管如此，约瑟芬对鼠族很有吸引力。个中原因始终成谜。

约瑟芬顶住了压力，平庸的嗓音、平庸的表演顶住了压力，并且被我们听到了，我们想到这些就高兴。

一位真正的歌唱家——假设他有朝一日能在我们中间出现——届时肯定不会被我们接受，我们还会一致拒绝这样的荒唐演出。

只有少数老鼠持怀疑态度。

约瑟芬只会用放肆且高傲的微笑惩罚敌人,她成了不食人间烟火的明星。

约瑟芬觉得以下做法跟自己的知名度相配：

她将为了专心歌唱而不干任何工作；别的老鼠应该替她承担每日觅食之忧和一切谋生活动。

鼠族却得出了与之不同的结论。

大伙儿一致拒绝她的诉求，她太过分了。

这个很容易被打动的族群有时候也会无动于衷。

后来约瑟芬走了下坡路。

很快，她将最后一次吱吱叫并不再作声。

在我们族群漫长的历史上，她只是短暂的插曲，族群将走出遗憾、重新振作。也许我们以后根本不会很怀念她，但是脱离了尘世烦恼的约瑟芬将快乐地消失在我们族群数不清的英雄之中，很快，因为我们不写史书，她会像她的所有兄弟一样被遗忘，得到进一步的解脱。

写下约瑟芬的命运之后，卡夫卡发现自己的喉咙不对劲。

1923 年 4 月 10 日，勃罗德在日记中写道："确诊喉结核。最可怕的不幸之日。"

卡夫卡体重下降，医生们让他接受沉默疗法，目的是保护喉咙。他的喉头正在溃烂。

他很快就几乎无法进食和说话了，于是卡夫卡在小纸片上写提示词和要求。

他在这些谈话纸片里的一张上写道：

一位新的人生伴侣很晚才出现：朵拉·狄芒

卡夫卡最后无望地辗转于三家疗养院时都有她陪伴。他想同朵拉结婚，但是又没成。

"朵拉对病人的精心照顾令人动容，他所有活力姗姗来迟的觉醒也令人动容，"勃罗德写道，"现在，在濒死的时候，他仿佛有能力生活并愿意活着。"

最后，在结核病无法医治时，他还完成了对最后一份校样的修改。冥冥之中似有天意，它偏偏是《饥饿艺术家》。

他本人对这个故事并不满意，他觉得它：

凑合

此时的卡夫卡已经再也无法进食。

勃罗德如此描述濒死的他：

"他希望别人在他面前慢慢地喝水（和啤酒），这是他做不到的；他能
分享别人的愉悦。在最后几天里，他经常谈起饮料和水果。"

对于自己的朋友如何沉着地承受痛苦，勃罗德显得深受打动。他记得卡
夫卡只抱怨过通向死亡的行程上站点太多、走得太慢了！

在人被碾得粉碎、塞进这最后一个小洞之前耽搁太久了。

1924 年 6 月 3 日周二，弗朗茨·卡夫卡去世，终年 40 岁。

卡夫卡人生中的许多重要女性都成了纳粹的受害者。

他的妹妹都死于毒气室，埃莉和瓦莉死于切姆诺，奥特拉死于奥斯威辛。

尤丽叶·沃里切克和格蕾特·布洛赫在奥斯威辛遇害。

密伦娜·耶申斯卡作为政治犯死于拉文斯布吕克。

菲莉斯·鲍尔住在美国，1960 年去世。

1968 年，84 岁的马克斯·勃罗德面对记者格奥尔格·施塔特勒，最后一次在采访里谈论他的朋友弗朗茨·卡夫卡。

注释及出处

第 3 页　"请您把我当作一个梦吧。"1968 年，马克斯·勃罗德在采访中回忆卡夫卡不小心吵醒勃罗德正在睡觉的父亲的场面。引用自马克斯·勃罗德同格奥尔格·施塔特勒的谈话，电视采访，BR-alpha 电视台重播的 ARD-/BR-alpha 电视台 1968 年经典节目。

第 6 页　"我要把你像条鱼一样撕碎！"出自《致父亲的信》，问世于 1919 年 11 月。

第 7 页　"假如我把自己当年的处境和菲利克斯的处境作比较，情况也许能更清楚些。你对他也是这样，甚至用特别可怕的办法教育他：假如你觉得他在吃饭的时候弄脏了什么，你不仅会像当年呵斥我那样说'你是猪猡！'，你还要说：'确实是赫尔曼家的人'或者'没错，跟你爸一样'。"出自《致父亲的信》。
仿宋体字均出自《致父亲的信》。

第 8 页　仿宋体字均出自《致父亲的信》。

第 11 页　"我跟犹太人有什么共同点？我跟自己都几乎没有共同点，我应该静悄悄地站在一个角落里，满足于自己能呼吸。"出自日记，1914 年 1 月 8 日。
仿宋体字均出自《致父亲的信》。

第 12 页　仿宋体字均出自日记，1912 年 1 月 2 日。
"这样的身体……"出自日记，1911 年 11 月 22 日。

第 13 页　"当我还是小孩儿，还不会游泳，有时候我跟同样不会游泳的父亲去浅水区。此后我们光着膀子坐在小吃摊边，每人来一根香肠配半升啤酒……你得开动脑筋想象一下，一个彪形大汉牵着一个瘦小的、怯生生的骨头架子，想象我们怎样在窄小的更衣室里摸黑脱衣服，想象他之后怎样把我拽出去，因为我不好意思，想象他之后怎么硬要把他所谓的游泳本领教给我，等等。

不过事后有啤酒喝！"出自马克斯·勃罗德《卡夫卡传》。

其他仿宋体字均出自《致父亲的信》。

第14页　　"你坐在自己的安乐椅上统治世界。你的见解是正确的，一切其他见解都疯了、不对、有病、不正常。你极度自信，所以你的观点根本无需自洽却永远正确。还有一种情况也可能出现：你对某事根本没有见解，于是别人对此事的所有见解无一例外肯定都是错的。"出自《致父亲的信》。

仿宋体字均出自《致父亲的信》。

第15页　　"长信"出自致密伦娜·耶申斯卡的信，1920年6月21日。

"我们都知道你用什么样的方式欢迎我的书，尽管它伤害了我的虚荣心、我的抱负：'放在床头柜上！'（书拿来的时候你通常在打牌）……"出自《致父亲的信》。

第16页　　"母亲确实对我非常好，可对我来说，这一切都同你有关，换言之，不是什么好关联。母亲不自觉地扮演着猎场中的驱赶猎物者角色。当你的教育在某种难以想象的情形下使我产生抗拒、反感，甚至仇恨，让我本可以独立自主的时候，母亲又会用善意、理智的话（她在童年的混乱中就是理性的化身）和说情安抚我……"出自《致父亲的信》。

"她觉得我是一个健康的年轻人……"出自日记，1911年12月19日。

第17页　　"我自然注意到了……"出自日记，1911年12月31日。

第18页　　仿宋体字均出自《致父亲的信》。

第19页　　"青春无意义……"出自日记，1914年1月12日。

"害怕上学"出自《每个人都是独特的》，1916年。

"靠在考试的时候哭鼻子"出自马克斯·勃罗德《卡夫卡传》。

第20页　　"学校本来已经很可怕了，这时候厨娘还想让我更怕上学。"出自致密伦娜耶申斯卡的信，1920年6月21日。

"但我总是只能将自己的无能视作预示未来的路标……"出自日记，1912年1月2日。

"现世生活之重"出自《箴言录》，1917/1918 年。

"我会有机会的，肯定……"出自日记，1914 年 1 月 12 日。

第 21 页 "一切都立刻让我思考……"出自日记，1913 年 7 月 21 日。

"我立在电车站台上……"出自《乘客》，1913 年。

第 22 页 出自卡夫卡为忠利保险公司写的一篇文章，1907/1908 年，引用自克劳斯·瓦根巴赫（Klaus Wagenbach）《弗朗茨·卡夫卡：生平影像》（*Franz Kafka– Bilder aus seinem Leben*）。

"这会儿在办公室……"出自致黑德维希·魏勒（Hedwig Weiler）的信，1907 年 10 月 8 日。

第 23 页 "我将跳进自己的小说……"出自日记，1910 年 11 月 15 日。

"我想写作，额头总在突突地跳……"出自日记，1911 年 11 月 5 日。

第 24 页 "……又在办公室，在痛苦沉积处"出自致菲莉斯·鲍尔的信，1916 年 7 月 25 日。

"……办公室里是真正的地狱，我再也不怕另一个地狱了"出自致菲莉斯鲍尔的信，1913 年 4 月 7 日。

"我办公室里的写字台肯定从没整洁过……"出自致菲莉斯·鲍尔的信，1912 年 12 月 3 日。

第 25 页 "可怕的双重生活……"出自日记，1911 年 2 月 19 日。

"时间很短……"出自致菲莉斯·鲍尔的信，1912 年 11 月 1 日。

第 26 页 "卡夫卡给人的第一印象是个健康的年轻人……"出自马克斯·勃罗德《卡夫卡传》。

第 28 页 "他在精神上……"出自马克斯·勃罗德《卡夫卡传》。

"花十分钟开着窗赤身裸体"出自致菲莉斯·鲍尔的信，1912 年 11 月 1 日。

"我佩服弗朗茨的游泳和划船本领……"出自马克斯·勃罗德《卡夫卡传》。

第 29 页 "我工作时承受着……"出自日记，1911 年 12 月 18 日。

"彻底的停滞……"出自日记，1915 年 2 月 7 日。

"我触碰什么，什么就毁灭"出自《箴言录》。

"我躲着人……"出自日记，1914 年 7 月 28 日。

"前天因为……"出自日记，1912 年 3 月 8 日。

第 30 页　"娱乐需求"出自致菲莉斯·鲍尔的信，1913 年 3 月 13、14 日。

《白人女奴》是一部以贩卖少女为主题的丹麦烂片。当时的一篇捷克评论
说它是"一部普通烂片，仅此而已"。卡夫卡却数次在勃罗德面前提到这
部电影，他在一封信里写道："我同一位女士出游，她长得很像《白人女奴》
中的人贩子。"（1911 月 2 月 25 日）。

"去看电影。哭了……"出自日记，1913 年 11 月 20 日。

"我天生能享受人际关系……"出自致菲莉斯鲍尔的信，1913 年 11 月 6 日。

第 31/32 页　引文均出自马克斯·勃罗德《卡夫卡传》。

第 33 页　"亲爱的马克斯，昨天我整理稿子的时候受到了小姐的影响。很可能因此
而犯下某种愚蠢的错误，弄出一种也许只能在私底下说说的滑稽顺序。"
出自致马克斯·勃罗德的信，1912 年 8 月 14 日。

"肯定有虫子……"出自致库尔特·沃尔夫的信，1917 年 9 月 4 日。

"选出的篇目极少"出自马克斯·勃罗德《卡夫卡传》。

"我非常尊重自己接触过的贵社书籍，因此不想为了这本书提建议干预贵
社工作，我只请求您使用不破坏贵社对该书设计的最大字号。"出自致库
尔特·沃尔夫的信，1912 年 9 月 7 日。

"第一版有 99 页……"出自马克斯·勃罗德《卡夫卡传》。

第 34 页　"阿加特很丑……"出自致马克斯·勃罗德的信，1907 年 8 月。

第 35 页　"菲莉斯·鲍尔小姐……"出自日记，1912 年 8 月 20 日。

"一言以蔽之……"出自日记 1914 年 3 月 9 日。

第 36 页　"我最心爱的作品"出自致库尔特·沃尔夫的信，1916 年 8 月 19 日。

"我现在判你……"出自《判决》，问世于 1912 年 9 月 22—23 日。

"大肆夸张的精神病研究报告"，引用自于尔根·博恩（Jürgen Born）主编

《弗朗茨·卡夫卡：1912—1924 年生前评论及接受》（*Franz Kafka - Kritik und Rezeption zu seinen Lebzeiten 1912-1924*）。

第 37 页　"理智"出自致菲莉斯·鲍尔的信，1916 年 10 月 7 日。
　　　　"我写的所有东西……"出自遗嘱，1922 年 11 月 29 日。

第 38 页　"你能在《判决》里找到什么意义吗……"出自致菲莉斯·鲍尔的信，1913 年 6 月 2 日。
　　　　"《判决》是解释不了的……"出自致菲莉斯·鲍尔的信，1913 年 6 月 10 日。

第 39 页　"你知道《判决》的结尾是什么意思吗？……"出自马克斯·勃罗德《卡夫卡传》。

第 40 页　"一天早晨，当格里高尔·萨姆沙……"出自《变形记》，问世于 1912 年 11—12 月。
　　　　"不能这样，千万别这样！……虫子本身……"出自致库尔特·沃尔夫的信，1915 年 10 月 25 日。

第 41-47 页　仿宋体字和对话均出自《变形记》。

第 46 页　"此时有人扔过来一个苹果！"引用自弗拉基米尔·纳博科夫《阅读的艺术：欧洲文学杰作》（*Die Kunst des Lesens. Meisterwerke der europäischen Literatur*）。

第 48 页　"弗朗茨·卡夫卡以相当平淡的方式……"，《丢勒联盟 1916—1917 年文学年刊》书评，引用自于尔根·博恩主编《弗朗茨·卡夫卡》。
　　　　"这本书讲的就是父亲问题……"出自《布拉格日报》，1916 年 4 月 9 日，引用自于尔根·博恩主编《弗朗茨·卡夫卡》。

第 49 页　"非常尊敬的先生，您使我变得不幸……"1917 年 4 月 10 日致卡夫卡的信，引用自莱纳·施塔赫（Rainer Stach）《卡夫卡传：领悟之年》（*Kafka–Die Jahre der Erkenntnis*）。

第 51 页　"他惊骇地感觉到……"和"新生活开始了！"出自卡尔·布兰德《格里高

尔·萨姆沙复原记》。

第 52 页　"我躺在那儿或者爬来爬去……"出自卡尔·布兰德《一个年轻人的遗嘱》
（*Vermächtnis eines Jünglings*）。

第 53 页　"我不舒服……"出自致菲莉斯·鲍尔的信，1913 年 4 月 13 日。
　　　　　"我人生中的一切不幸……"出自致密伦娜耶申斯卡的信，1922 年 3 月底。

第 55 页　"我满心厌恶……"出自致菲莉斯·鲍尔的信，1913 年 8 月 12 日。

第 56 页　"我也会笑……"出自致菲莉斯·鲍尔的信，1913 年 1 月 8/9 日。
　　　　　"当然，这不是非常欢快……"出自马克斯·勃罗德《卡夫卡传》。勃罗德
　　　　　此处说的是卡夫卡在朗读《审判》第一章时大笑。

第 57 页　"说实话，起初……"出自致格蕾特·布洛赫的信，1914 年 5 月 16 日。

第 58 页　"现在当然不是请你……"出自致菲莉斯·鲍尔的信，1912 年 11 月 21 日。
　　　　　"你能不能寄给我几张你的照片……"出自致菲莉斯·鲍尔的明信片，1916
　　　　　年 8 月 22 日。
　　　　　"照片很漂亮，但是……"出自致菲莉斯鲍尔的明信片，1916 年 5 月 26 日。

第 59 页　"我渴望独处……"出自致马克斯·勃罗德的信，1913 年 9 月 28 日。
　　　　　"您快点忘了我这个幽灵……"出自致菲莉斯鲍尔的信，1912 年 11 月 9 日。

第 60 页　"我讨厌一切与文学无关的东西……"出自日记，1913 年 7 月 21 日。

第 61 页　"可怜的，可怜的最亲爱的……"出自致菲莉斯鲍尔的信，1913 年 1 月 5/6 日。
　　　　　"在他创作以美国为背景的新小说《司炉》的时候……"出自马克斯·勃罗
　　　　　德，《新观察》，柏林，1913 年 7 月。

第 62-69 页　仿宋体字和对话均出自《失踪者》（《美国》），问世于 1912 年 9 月底
　　　　　至 1914 年 10 月。

第 70 页　"非常尊敬的鲍尔先生！……"出自致卡尔·鲍尔的信，1913 年 8 月 28 日。

116

第 71 页　　"故事如下……"出自《世界舞台》，1920 年 6 月 3 日。

第 72 页　　"F. 卡夫卡描写了一台刑具……"和"对这样的痛苦……"引用于尔根·博恩主编《弗朗茨·卡夫卡》。

第 73 页　　"最亲爱的，我对朗读爱得要命……"出自致菲莉斯·鲍尔的信，1912 年 12 月 4、5 日。

"卡夫卡喜欢吓唬人……"，汉斯·拜尔哈克（Hans Beilhack）因为 1916 年 11 月 10 日卡夫卡在慕尼黑的汉斯·戈尔茨（Hans Goltz）画廊朗诵自己尚未发表的短篇小说片段而撰写的书评，刊登于《慕尼黑报》，1916 年 11 月 12 日，引用于尔根·博恩主编《弗朗茨·卡夫卡》。

"……巨型铁钉的尖端扎进了额头……"出自《在流放地》，问世于 1914 年 10 月。

"一派胡言。"出自马克斯·勃罗德《卡夫卡传》。

第 74 页　　仿宋体字和对话均出自《审判》，问世于 1914 年 8 月至 1915 年 1 月。

第 75 页　　"打人是我的工作……"出自《审判》。

"以致有一会儿……"出自马克斯·勃罗德《卡夫卡传》。

第 76 页　　仿宋体字和"真就像一条狗！"出自《审判》。

"今天早晨，很久以来第一次……"出自日记，1911 年 11 月 2 日。

第 77 页　　菲莉斯·鲍尔的文字没有留存下来。

"德国对俄国宣战……"出自日记，1914 年 8 月 2 日。

第 78 页　　"我决不让步：我想要……"出自日记，1915 年 1 月 24 日。

"假如能见面挺好的……"出自致菲莉斯·鲍尔的信，1915 年 12 月 5 日。

"你毕竟是个姑娘……"出自致菲莉斯·鲍尔的信，1913 年 3 月 2、3 日。

第 79 页　　"奇怪的是……"出自马克斯·勃罗德《卡夫卡传》。

第 80 页　　"连着咯血……"出自致菲莉斯·鲍尔的信，1917 年 9 月 9 日。

第81页 "对卡夫卡的病采取措施……"出自马克斯·勃罗德《卡夫卡传》。

"亲爱的马克斯，我的病？……"出自致马克斯·勃罗德的信，1917年10月6日。

第82页 "一个年轻姑娘，但愿她只有小毛病……"出自致马克斯·勃罗德的信，1919年2月6日。

第83页 "土地测量员先生，您的职责是……"出自《城堡》，问世于1922年1月至9月。

第85页 "一团我从未见过的生机勃勃的火焰"出自致马克斯·勃罗德的信，1920年5月初。

"现在我俩都结婚了……"出自致密伦娜·耶申斯卡的信，1920年7月21日。

第86页 "我依然记得……"出自马克斯·勃罗德《卡夫卡传》。

"我不愿意（密伦娜，您得帮帮我！……"出自致密伦娜·耶申斯卡的信，1920年5月31日。

第87页 "我很脏，密伦娜……"出自致密伦娜·耶申斯卡的信，1920年8月26日。

"也许我再来讲讲晚上的事儿……"出自致密伦娜·耶申斯卡的信，1920年7月20日。

第88页 "我们其实不断地老调重弹……"出自致密伦娜·耶申斯卡的信，1920年7月26日。

"这些信只是痛苦……"出自致密伦娜·耶申斯卡的信，1920年11月。

第89页 "卡夫卡（阴性词）。卡夫卡是一只……"出自弗朗茨布莱（Franz Blei）《当代文学动物寓言大观》(Das Grosse Bestiarium Der Modernen Literatur)。

第90-93页 仿宋体字和对话均出自《饥饿艺术家》，完稿于1922年5月23日。

第94页 "散步、晚上、白天……"出自日记，1923年6月12日。

"我们的世界只是……"出自马克斯·勃罗德《卡夫卡传》。

第95-99页 仿宋体字和对话均出自《歌手约瑟芬或者鼠族》，问世于1922年3月18日至4月5日。

第100页 "我觉得我开始研究……"出自致罗伯特·克洛普施托克（Robert Klopstock）的信，引用自克劳斯瓦根巴赫（Klaus Wagenbach）《卡夫卡》（*Franz Kafka*. rororo-Monographie）。

"确诊喉结核……"出自马克斯·勃罗德《卡夫卡传》

第102-105页 仿宋体字和对话均出自马克斯·勃罗德《卡夫卡传》

第104页 "医生先生，您懂……"，谈话纸片，弗朗茨·卡夫卡：《作品·日记·书信》（*Das Werk–Die Tagebücher–Die Briefe*）。

第109页 "他是乐观者吗……？"引用自马克斯·勃罗德同格奥尔格·施塔特勒的谈话，电视采访，BR-alpha 电视台重播的 ARD-/BR-alpha 电视台 1968 年经典节目。

第121页 "每座城市里都坐着一个傻子……"引用自马克斯·勃罗德同格奥尔格·施塔特勒的谈话，电视采访，BR-alpha 电视台重播的 ARD-/BR-alpha 电视台 1968 年经典节目。

第124页 "我现在有个或许有点'难答'的问题……"引用自马克斯·勃罗德同格奥尔格·施塔特勒的谈话，电视采访，BR-alpha 电视台重播的 ARD-/BR-alpha 电视台 1968 年经典节目。

每座城市里都坐着一个傻子，
等我做完讲座，他就会向我走来，
表达对卡夫卡的奇怪的、
毫无根据的看法。

参考资料

Louis Begley, *Die ungeheuere Welt, die ich im Kopfe habe. Über Franz Kafka*, Pantheon Verlag, 2009

Franz Blei, *Das große Bestiarium der modernen Literatur*, Ernst Rowohlt Verlag, 1922

Jürgen Born (Hg.), *Franz Kafka – Kritik und Rezeption zu seinen Lebzeiten 1912-1924*, S. Fischer Verlag, 1979

Karl Brand, *Die Rückverwandlung des Gregor Samsa*, in: *Prager Tagblatt*, 11.6.1916

Karl Brand, *Vermächtnis eines Jünglings*, Verlag Ed. Strache, 1920

Max Brod, *Über Franz Kafka*, S. Fischer Verlag, 1980

Elias Canetti, *Der andere Prozeß. Kafkas Briefe an Felice*, Reclam Verlag, 1983

Franz Kafka, *Sämtliche Werke*. Herausgegeben von Peter Höfle, Suhrkamp Verlag, 2008

Franz Kafka, *Tagebücher*. Band 1: *1909-1912*. Band 2: *1912-1914*. Band 3: *1914-1923*, S. Fischer Verlag, 2008

Franz Kafka, *Das Werk – Die Tagebücher – Die Briefe*. Herausgegeben von Max Brod, Verlag Lambert Schneider, 2012

Andreas B. Kilcher, *Franz Kafka – Leben, Werk, Wirkung*, Suhrkamp Verlag, 2008

Andreas Kilcher, *Franz Kafka – Die Zeichnungen*, C. H. Beck Verlag, 2021

David Zane Mairowitz/Robert Crumb, *Kafka*, Reprodukt, 2013

Vladimir Nabokov, *Die Kunst des Lesens. Meisterwerke der europäischen Literatur*, S. Fischer Verlag, 1982

Reiner Stach, *Kafka – Die frühen Jahre*, S. Fischer Verlag, 2016

Reiner Stach, *Kafka – Die Jahre der Entscheidungen*, S. Fischer Verlag, 2004

Reiner Stach, *Kafka – Die Jahre der Erkenntnis*, S. Fischer Verlag, 2010

Klaus Wagenbach, *Franz Kafka*, rororo-Monographie, Rowohlt Verlag, 2008

Klaus Wagenbach, *Franz Kafka – Bilder aus seinem Leben*, Verlag Klaus Wagenbach, 1983

Hanns Zischler, *Kafka geht ins Kino*, Galiani Berlin bei KiWi, 2017

感谢拉德克·克纳普（Radek Knapp）2023 年 3 月 1 日在维也纳的胡梅尔（Hummel）咖啡馆与我对谈。

我现在有个或许有点"难答"的问题：
您认识卡夫卡本人。作为文学史研究者，
您同他如此亲近，或许因此而失去了阐释
卡夫卡作品所需要的距离，对您来说，
这难道不是负担吗?

其他不认识卡夫卡的
人有这种距离……

我不觉得不认识
卡夫卡是优势。